Ursula Ritter

LUSTIGE DREHFIGUREN

AUS TONPAPIER

MIT VORLAGEN IN ORIGINALGRÖSSE

Brunnen-Reihe 266

Christophorus-Verlag Freiburg

Einleitung

Alles, was sich dreht und bewegt weckt Interesse. Und dieses sollen die Drehfiguren mit ihrer Eigenschaft der ständigen Bewegung auch erregen. Drehfiguren im Kinderzimmer, im Flur oder in den Räumen des Kindergartens sind immer wieder ein lustiger Anblick, ein Farbtupfer – vielleicht auch in Ihrer Wohnung? Ständig bewegen sich diese Figuren, schauen fröhlich in den Raum und erfreuen groß und klein. Zu jeder Jahreszeit bieten sich Drehfiguren als Dekoration an. Zu besonderen Anlässen z. B. beim Kindergeburtstag oder zu Fastnacht könnten diese Basteleien ihren besonderen Reiz haben.
Fast alle diese Drehfiguren habe ich frei, also ohne Vorzeichnung und ohne Schablone aus doppelt gelegtem Papier ausgeschnitten. Für Ihre ersten Arbeiten habe ich mit Schnittzeichnungen eine Vorgabe eingebracht. Es würde mich freuen, wenn Sie sich möglichst rasch davon lösen würden, und zur eigenen und zu anderer Freude ganz neue Figuren entwickeln. Sie können aber zunächst auch die einzelnen Motive kombinieren oder ergänzen. Die hier aufgeführten Beispiele sind ja nur eine Auswahl aus der Vielfalt der Möglichkeiten. Meine Anregungen, Ihre Phantasie, Freude, Spaß und Geduld lassen sicher Arbeiten entstehen, die einmalig sind, und die Sie dann immer wieder anspornen werden zu weiterem kreativen Gestalten.
Probieren Sie es selbst aus. Ich wünsche Ihnen viel Freude beim Basteln für Ihre Kinder und mit Ihren Kindern. Das wünsche ich auch den Mädchen und Buben, die diese Arbeiten schon alleine ausführen können, und viel Spaß beim Erfinden von neuen Drehfiguren!
Versteckt an einigen Stellen dieses Heftes sind dreidimensionale Figuren eingebracht. Ob Sie diese entdecken? Sie sind schon eingefügt als Hinweis auf ein weiterführendes Thema. Erläutert wird es in dem Brunnen-Reihe-Heft Nr. 270 „Papier-Zauber".

Das Material
Für die Drehfiguren sind folgende Materialien verwendet worden: Tonpapier, Faltpapier (Origami-Faltblätter), Geschenkpapier, Schreibmaschinenpapier, Tapetenreste, flache Knöpfe, Unterlegscheiben oder runde Plättchen aus Metall; als Einlegfaden: Nähgarn in passender Farbe. Alle Klebearbeiten sind mit UHU flinke flasche ausgeführt worden.

Das Werkzeug
Für das Anfertigen der Arbeiten brauchen Sie beim großflächigen Ausschneiden eine große Schere und für die kleinen Teile eine kleine Schere. Zum Übertragen der Muster benötigen Sie einen Bleistift. Ein Locher und einige Büroklammern können Ihnen beim Arbeiten dienlich sein. Noch ein Tip, sollten Sie ein Teppichbodenmusterstück (oder Rest) zur Hand haben, könnten Sie dieses als Ablage der ausgeschnittenen Teile benutzen. Die einzelnen Teile verrutschen nicht so leicht.

Zur Technik
Von dem beigehefteten Bogen können die Schnitte in Originalgröße entnommen werden. Die im Heft gedruckten Schnittmuster liegen auf Karoraster. Die Originalgröße erhalten Sie, wenn Sie die Angaben in den Zeichnungen zugrunde legen. Zum Übertragen der Schnittmuster können Sie meistens die handelsüblichen Karobögen im DIN-A4-Format verwenden. Auf diesen Bögen entsprechen vier Karos einem Quadratzentimeter. Das fertige Muster übertragen Sie

mit Hilfe von Pauspapier auf den Farbkarton oder das Zeichenpapier. Wenn Sie eine Schablone des Musters z. B. für Gruppenarbeiten anfertigen wollen, geht es am besten, wenn Sie starke Klarsichtfolie auf das fertige Muster legen und die Zeichnung mit einem Folienstift übertragen. Diese Schablone läßt sich beliebig oft verwenden oder auch verändern.

Begriffe

Mit ‚Bruch' wird eine Falzkante bezeichnet, die wieder geöffnet wird; sie wird in den Skizzen durch eine gestrichelte Linie dargestellt. ‚Öffnen' bedeutet, einen Faltvorgang rückgängig machen.

Grundsätzliche Ausführungen

Der Arbeitsablauf ist für fast alle Drehfiguren der gleiche. Darum finden Sie hier einmal das Prinzip beschrieben; Besonderheiten sind bei den einzelnen Schnittzeichnungen angegeben.

1. Stellen Sie zuerst nach den Schnittzeichnungen und den besonderen Angaben die Schablonen her.
2. Die Farben für das Papier zur Ausführung bestimmen Sie bitte selbst, oder entnehmen Sie sie den jeweiligen Abbildungen.
3. Übertragen Sie die Umrisse von der Schablone auf das Ausführungspapier.
4. Die einzelnen Figuren-Hauptelemente bestehen immer aus zwei (oder mehreren) deckungsgleichen Teilen, zwischen die der „Drehfaden" eingelegt wird. Schneiden Sie also diese Teile gleichzeitig aus doppelt gelegtem oder gefaltetem Papier. Das garantiert Deckungsgleichheit, Symmetrie und Berührungsfreiheit beim Drehen.
5. Legen Sie alle Teile, die Sie zusammen ausgeschnitten haben, ordentlich zusammen auf Ihren Arbeitsplatz. Notfalls können Sie sie auch mit einer Büroklammer zusammenhalten.
6. Eine Seite eines der zwei Teile bestreichen Sie mit Kleber.
7. Legen Sie den Faden möglichst genau in die optische Mitte, damit die Figuren dann nicht schief wirken und damit sich die einzelnen Figuren-Elemente beim Drehen nicht berühren. Einige Figuren weisen im Schnittmuster eine „Symmetrieachse" auf zur Markierung der Fadenlage. Bei symmetrischen Figurenteilen ist die Faltlinie gleichzeitig die Markierung für die Fadenlage. Das obere Ende des Fadens kleben Sie am besten mit ein in das obere Figurenelement. So haben Sie gleich die Schlaufe zum Aufhängen.
8. Attribute wie Blütenblätter legen Sie jetzt auf den Rand des ersten Teiles.
9. Nun drücken Sie das zweite Teil deckungsgleich auf das erste. Sind Attribute eingesetzt, muß auch dieses Teil mit Klebstoff bestrichen werden.
10. Bestimmen Sie nach Empfinden und Augenmaß den Abstand zwischen den einzelnen Figuren-Hauptelementen. Am besten probieren Sie das vorher durch Hinlegen aus.
11. Immer sollte möglichst tief unten im untersten Figurenelement ein „Gewicht" eingeklebt werden. Dadurch erhält die Figur ein zusätzliches „Drehmoment". Das Gewicht sollte flach, möglichst schwer und dabei klein sein. Es eignen sich verfallene Münzen, Unterlegringe aus Metall oder auch schon Knöpfe.
12. Mit diesem Gewicht kann auch bei nicht mittig eingelegten Fäden die Balance der Figur korrigiert werden. Darum ist es zweckmäßig, den unteren Bereich des untersten Figurenelementes erst nach Korrektur mit dem Gewicht zuzukleben.

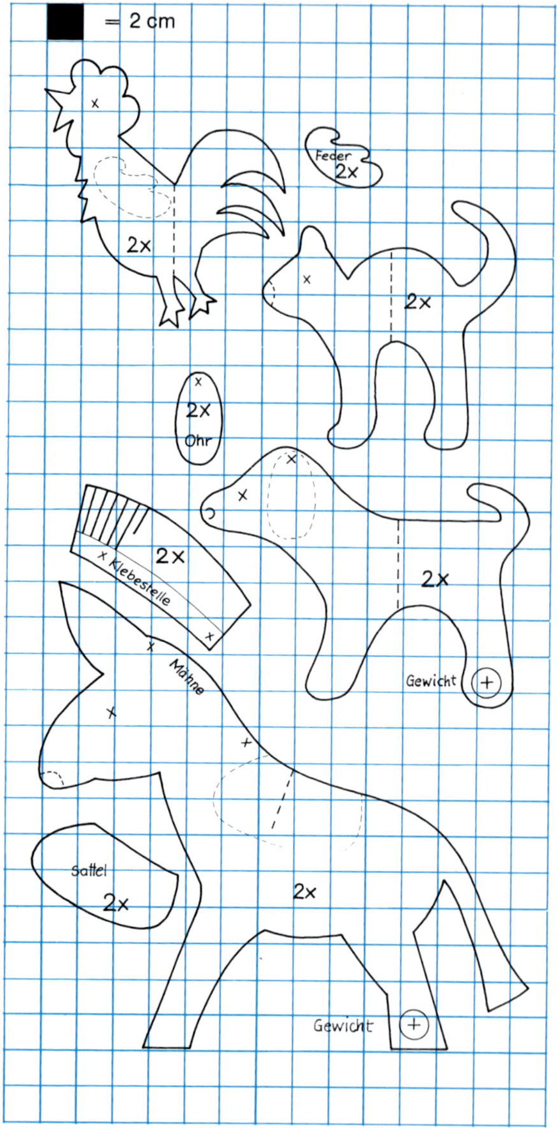

Bremer Stadtmusikanten Abb. 2. Umschlagseite

Material: graues, braunes, schwarzes, orangefarbenes, rotes und blaues Tonpapier; weißes Faltpapier; 1 m weißes Nähgarn; ein „Gewicht"; UHU flinke flasche

Ausführung: siehe Seite 3

Hinweis: Zwischen beide Hinterfüße des Esels kleben Sie ein „Gewicht".
Zum Schluß versehen Sie die Tiere noch mit Augen, Nase, Schnurrbart, Flügeln, Ohren und Sattel.

Räuberhaus Abb. 2. Umschlagseite

Material: rotes, orangefarbenes, braunes und blaues Tonpapier; UHU flinke flasche

Ausführung: Wenn Sie dieses Haus anfertigen möchten, können Sie sich an der Abbildung orientieren. Am besten aber, Sie gestalten Ihr eigenes Räuberhaus.
Für die Tanne ist die Beschreibung auf Seite 28 zu finden.

Schiffchen

Material: weißes Schreibmaschinenpapier; braunes, rotes, hell- und dunkelblaues Tonpapier; UHU flinke flasche; weißes Nähgarn

Ausführung: siehe Seite 3
Für dieses Schiffchen sind wegen der einfachen Formen keine Schablonen erforderlich.

Tip: Sie können auch mehrere oder verschiedene Boote als Gruppe nebeneinander oder hintereinander aufhängen, vielleicht in Fensternähe.

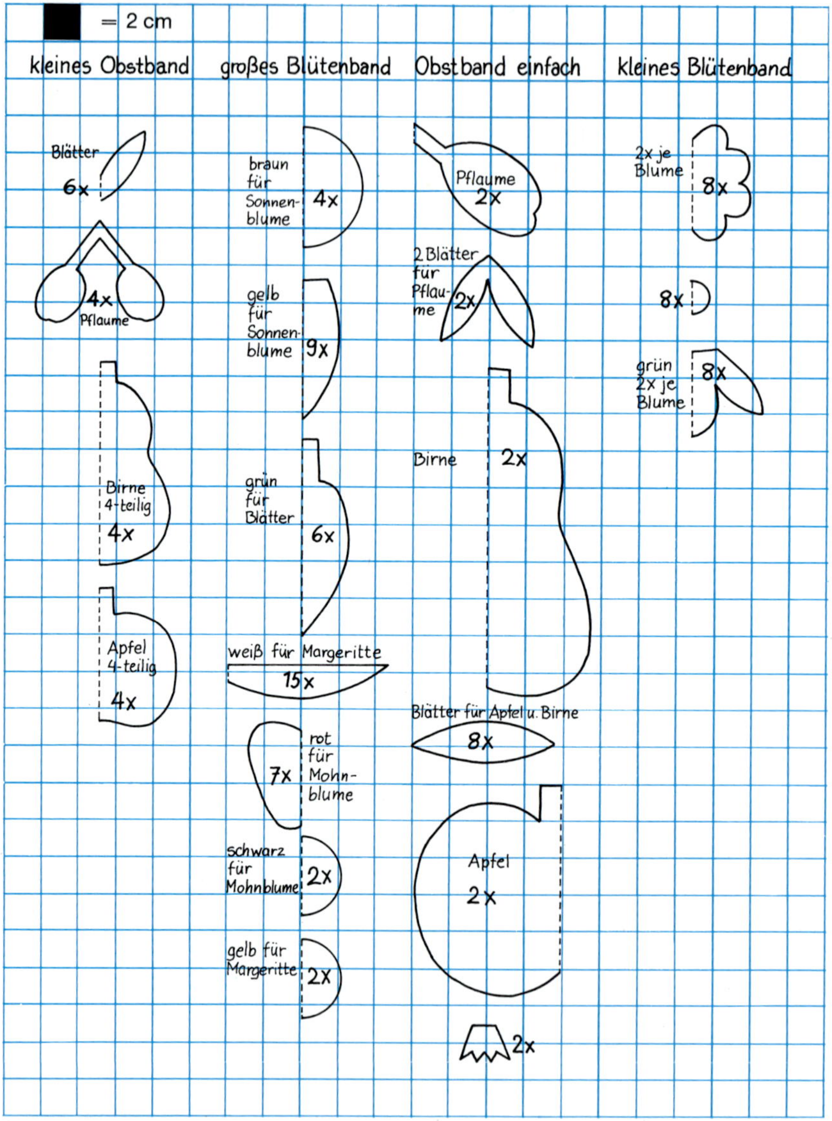

Obst- und Blütenbänder

Kleines Obstband

Material: rotes, gelbes, blaues, braunes und grünes Faltpapier; weißes Nähgarn; UHU flinke flasche

Ausführung: siehe Seite 3

Hinweis: Zuerst stellen Sie die Schablonen her (s. S. 2/3). Alle Obstteile sind vierteilig, erhalten also eine dritte Dimension. Legen Sie das Papier doppelt und an den Bruch die Schablone. Kleben Sie drei Teile jeweils nur bis zur Hälfte aneinander. Legen Sie nun den ca. 50 cm langen Aufhängefaden längs der inneren Klebekante an die drei Motivteile. Bestreichen Sie die Innenfläche des vierten Teils mit Klebstoff, und fügen Sie es, den Faden mit festklebend, in die Lücke zwischen den drei freien Hälften der beiden

anderen Teile. Diesen Vorgang wiederholen Sie bei jedem Obstteil. Zum Schluß bringen Sie an die Obstteile noch grüne Blätter an. Der Abstand zwischen den Obstteilen beträgt ca. 3 cm.

Sommerblumen-Blütenband

Material: gelbes, braunes, schwarzes, grünes und weißes Tonpapier; weißes Nähgarn; UHU flinke flasche

Ausführung: siehe Seite 3

Hinweis: Wenn Sie alle Teile ausgeschnitten haben, bestreichen Sie den braunen Kreis der Sonnenblume mit Klebstoff, dann ordnen Sie die Blütenblätter auf dem Kreisrand an. Nun legen Sie den Aufhängefaden genau in die Mitte des braunen Kreises, nehmen den zweiten Kreis und kleben diesen deckungsgleich auf den ersten. Diesen Vorgang wiederholen Sie bei der Margerite und bei der Mohnblume. Die Zwischenräume betragen ca. 14 cm. In diese Zwischenräume kleben Sie die grünen Blätter.

Obstband einfach

Material: wie bei Obstband vierteilig

Ausführung: siehe Seite 3

Kleines Blütenband

Material: blaues, gelbes, weißes, rotes und grünes Faltpapier; weißes Nähgarn; UHU flinke flasche

Ausführung: siehe Seite 3

Tip: Sie können das Blütenband verlängern oder verschieden lange Blütenbänder nebeneinander aufhängen.

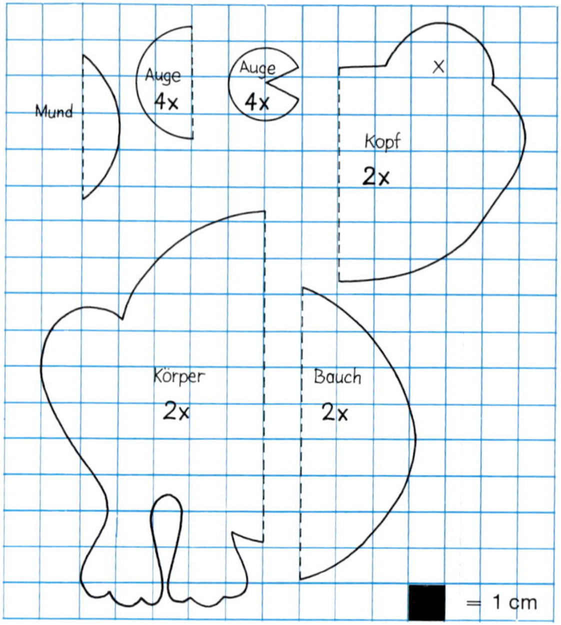

Fröschlein

Material: hell- und dunkelgrünes Tonpapier; schwarzes, blaues, rotes und weißes Faltpapier; grünes Nähgarn; UHU flinke flasche

Ausführung: siehe Seite 3

Hinweis: Wenn Sie den Kopf und den Körper ausgeschnitten haben, legen Sie diese Teile paarweise mit einer Büroklammer versehen auf Ihre Arbeitsfläche, damit sie später zusammenpassen.
Zwischen Kopf und Körper lassen Sie 0,5 cm Fadenspielraum. Die ausgeschnittenen Teile für Augen, Nase, Mund und Bauch kleben Sie beidseitig an die Froschkörper.

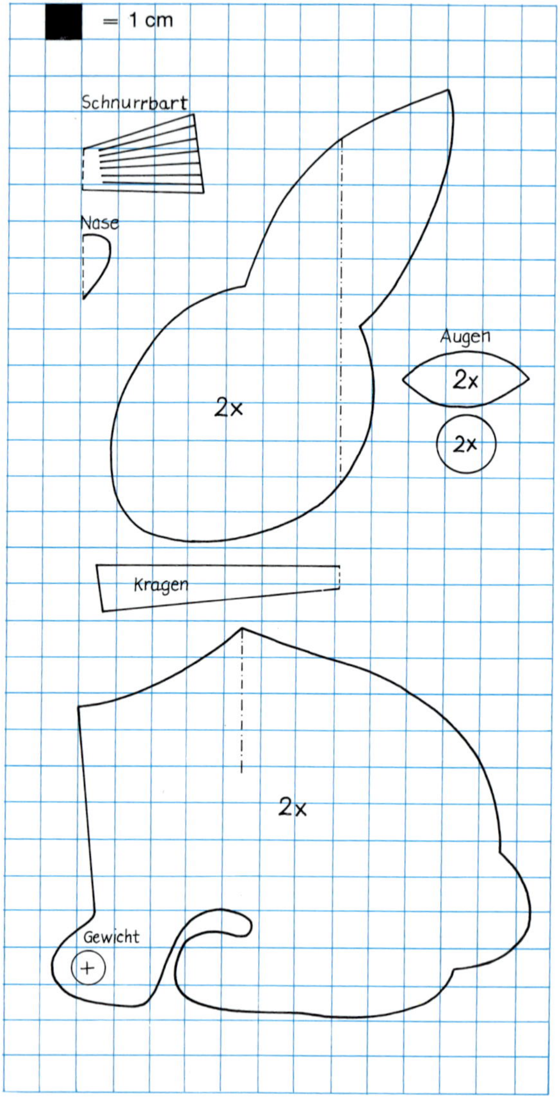

Häschen

Material: braunes, dunkelgelbes und schwarzes Tonpapier; weißes und rotes Faltpapier; weißes Nähgarn; ein „Gewicht"; UHU flinke flasche

Ausführung: siehe Seite 3

Hinweis: Damit die Häschen aufrecht sitzen, kleben Sie zwischen die Vorderfüße das „Gewicht" ein. Zum Schluß bekommen die Häschen noch Augen, Nase, Schnurrbart, Ohren, Schnäuzchen und Schwänzchen angeklebt, wie die Abbildung zeigt.

Tip: Sie können die Schablonen auch vergrößern oder verkleinern. Wie wäre es mit einer ganzen Hasenfamilie?

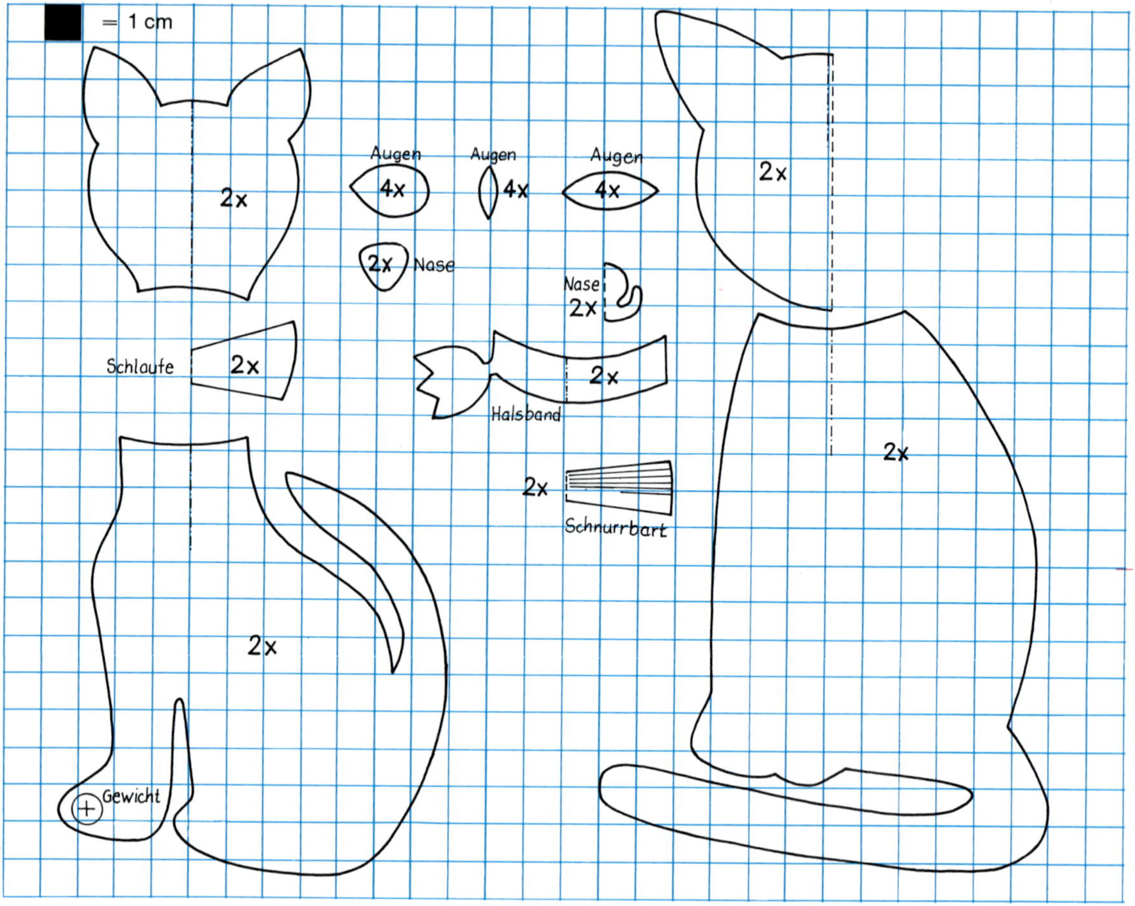

Katzen

Material: Schwarzes Tonpapier; weißes Schreibmaschinenpapier, grünes, rotes und gelbes Faltpapier; Nähgarn; ein flacher Knopf; UHU flinke flasche

Ausführung: siehe Seite 3

Hinweis: Die Katze links in der Abbildung bekommt das Gewicht zwischen die Vorderfüße geklebt, damit sie aufrecht sitzt. Zum Schluß kleben Sie den Katzen Ohren, Augen, Schnurrbart aus Schreibmaschinenpapier und Schnäuzchen aus dünnem rotem Papier auf. Die Form des Schnurrbarts bestimmt den Gesichtsausdruck der Katzen.

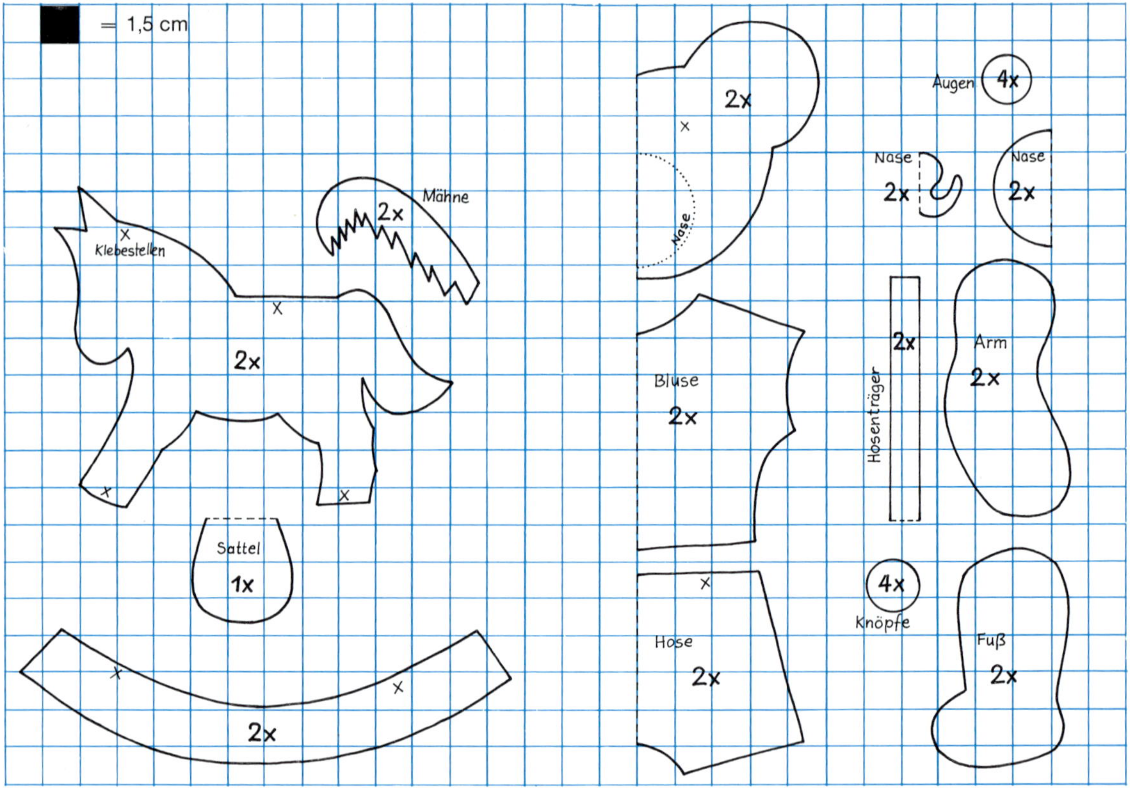

Schaukelpferdchen

Material: braunes und schwarzes Tonpapier; rotes Faltpapier; brauner Nähfaden; UHU flinke flasche

Ausführung: siehe Seite 3

Hinweis: Zum Schluß bekommt das Schaukelpferd eine schwarze Mähne und einen roten Sattel aufgeklebt.

Teddybär

Material: braunes, orangefarbenes und schwarzes Tonpapier; gelbes und rotes Faltpapier; weißes Nähgarn; UHU flinke flasche

Ausführung: siehe Seite 3

Hinweis: Zum Schluß versehen Sie den Bär beidseitig noch mit einem Gesicht.

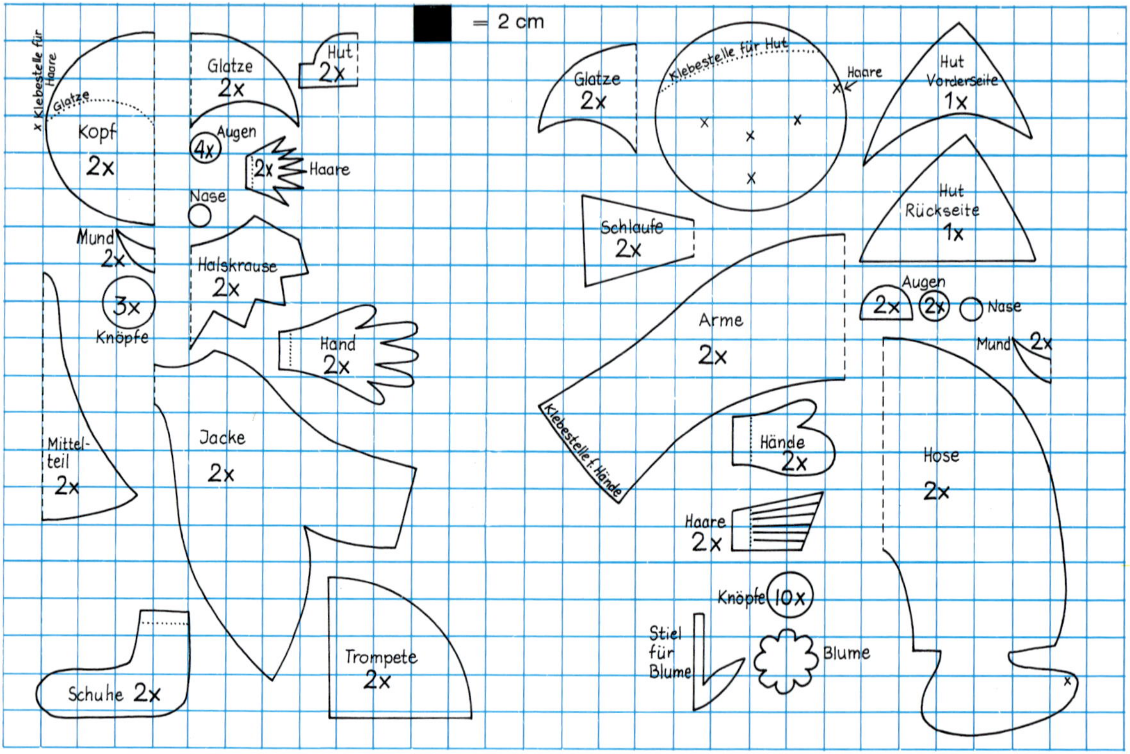

Clown mit Trompeten
(s. auch Abb. 1. Umschlagseite)

Material: buntes Geschenkpapier; gelbes, weißes, rotes, blaues und schwarzes Tonpapier

Ausführung: siehe Seite 3

Hinweis: Unser Clown bekommt auf der Vorder- und Rückseite des Kopfes Hut, Glatze, Haarteile, Augen, Nase und Mund. Auch der Kragen ist auf beiden Seiten gleich; er wird auf die Jacke geklebt. Die kleinen Trompeten sind aus Geschenkpapier. Ein kleiner Halbkreis mit 10 cm Durchmesser wird zusammengerollt und festgeklebt.

Silberfarbener Clown

Material: Geschenkpapier, wie vorhanden; weißes und schwarzes Tonpapier; hell- und dunkellila Faltpapier; weißes Nähgarn; UHU flinke flasche

Ausführung: siehe Seite 3

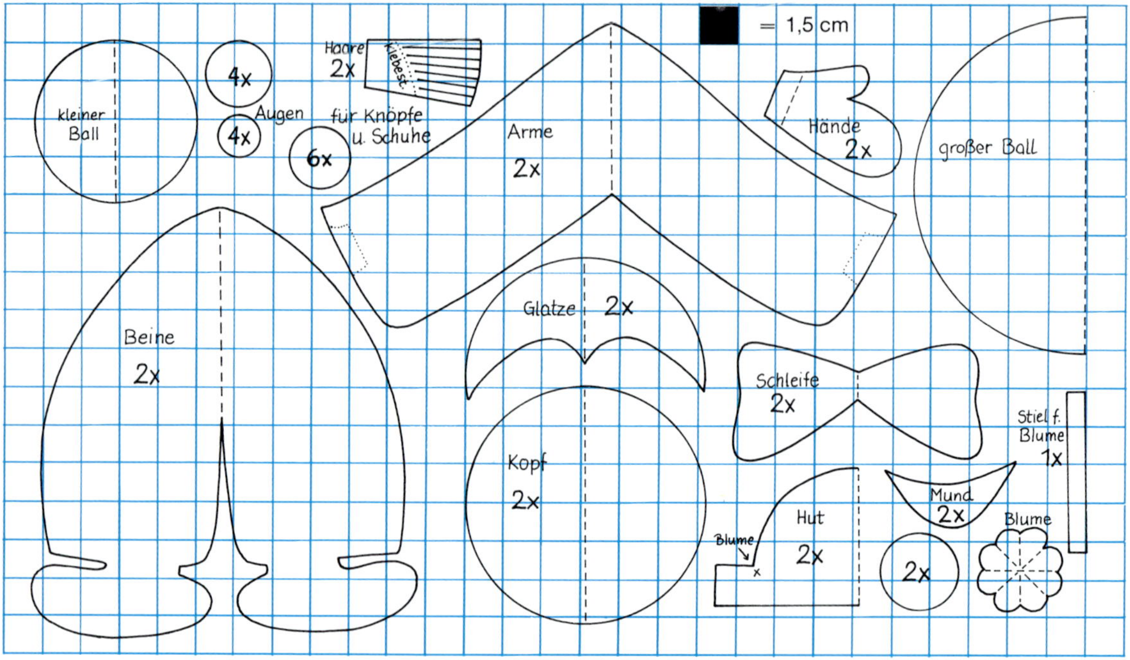

Lustiger Clown mit zwei Bällen

Material: schwarzes, rotes und blaues Tonpapier; orangefarbenes, grünes, gelbes und weißes Faltpapier; weißes Nähgarn; UHU flinke flasche

Ausführung: siehe Seite 3

Hinweis: Die Ausgestaltung des Gesichtes entnehmen Sie der Abbildung, kleben Sie Glatze, Haarteile, Augen, Nase und Mund beidseitig auf den Kopf. Den Vorschlag für Ausschmückteile wie Blümchen oder Knöpfe entnehmen Sie der Abbildung, oder Sie gestalten das Ausschmücken nach eigener Phantasie. Viel Spaß dabei!

Bunte Bälle

Material: gelbes, rotes, weißes, blaues und lilafarbenes Faltpapier; weißes Nähgarn; UHU flinke flasche

Ausführung: Falls Sie runde Faltblätter zur Hand haben, können Sie diese verwenden. Die große Kugel hat einen Durchmesser von 14 cm und die kleine Kugel von 7 cm. Die Kugeln bestehen jeweils aus acht Teilen. Die Kreise faltet man zur Mitte und klebt die einzelnen Halbkreise aneinander. Mit dem letzten Teil wird auch der Aufhängefaden mit festgeklebt!
Bälle lassen sich in allen Größen und Farben basteln und zu anderen Figuren stellen.

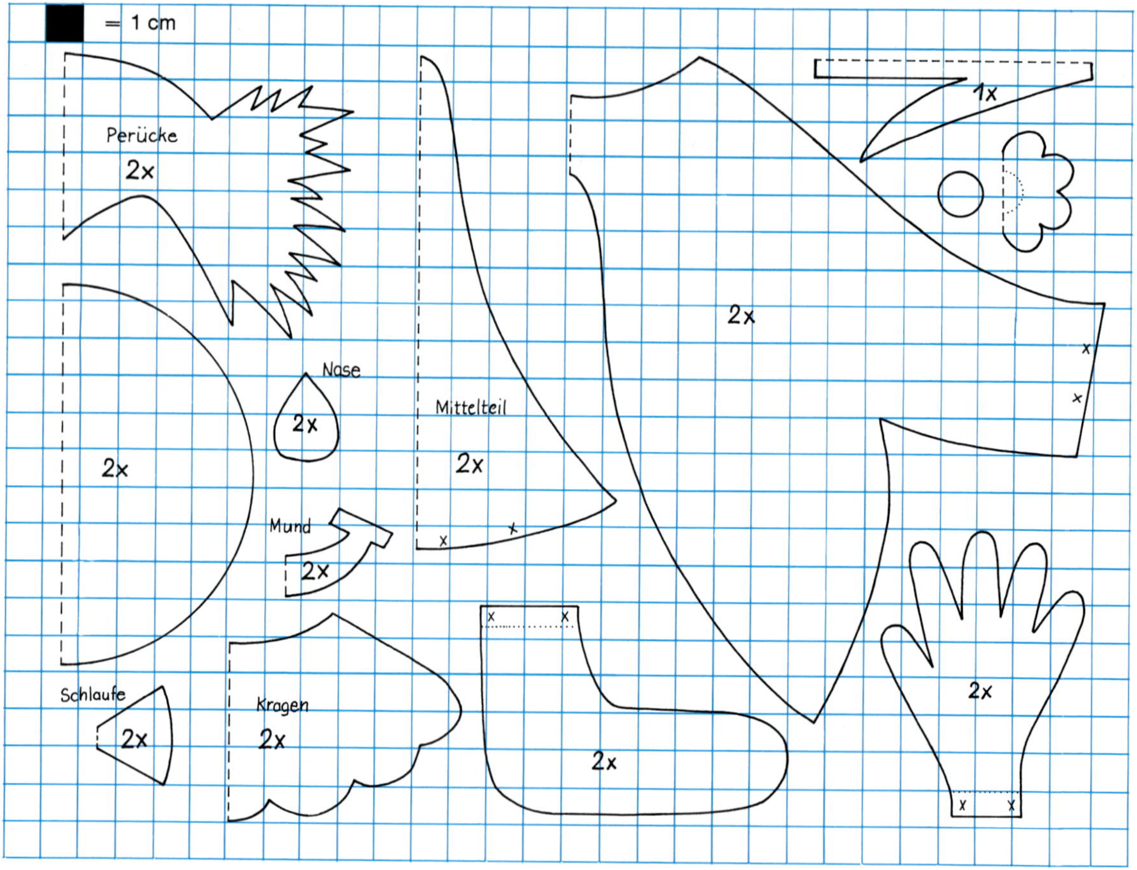

Clown mit Blümchen

Material: buntes Geschenkpapier wie vorhanden; weißes, braunes, schwarzes und rosa Tonpapier; grünes und gelbes Faltpapier; weißes Nähgarn; UHU flinke flasche

Ausführung: siehe Seite 3

Hinweis: Der weiße Kragen wird auf beiden Jackenhälften aufgeklebt.
Gesicht und Haare werden beidseitig auf dem Kopf angebracht. Sie können sich nach der Abbildung richten oder nach eigener Phantasie den Clown ausgestalten.
Für das Blümchen finden Sie die Schnittmuster in der Zeichnung.

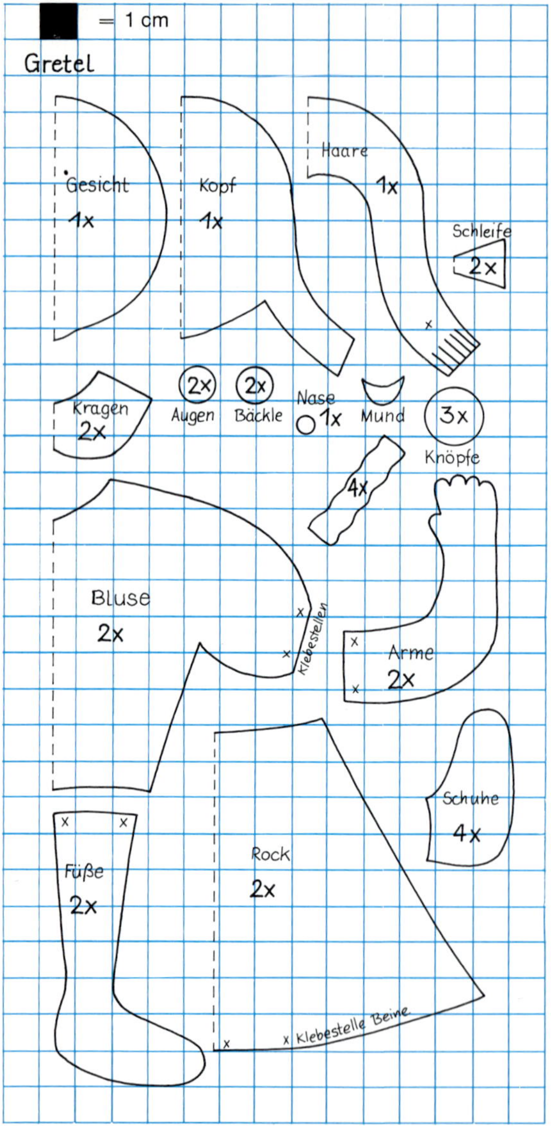

Gretel

Material: schwarzes und weißes Tonpapier; gelbes, rotes, blaues, rosa und grünes Faltpapier; weißes Nähgarn; UHU flinke flasche

Ausführung: siehe Seite 3

Hinweis: Die Zöpfchen von Gretel kleben Sie auf den Kopfteil, wie die Abbildung zeigt.
Die Arme kleben Sie zwischen die Blusenärmel und die Füße an die Markierungspunkte.
Diverse Ausschmückungen sowie Gesicht und Blumenstrauß sind aus der Abbildung ersichtlich.

Kasperle

Material: rotes, blaues, hellblaues und weißes Tonpapier; weißes Nähgarn; UHU flinke flasche

Ausführung: siehe Seite 3

Hinweis: Bestreichen Sie ein Mützenteil mit Kleber. Kleben Sie das Haarteil darauf und dann das eine Gesichtsteil. Nun legen sie den Faden genau in die Mitte. Deckungsgleich kleben Sie das zweite Gesichtsteil auf, dann das zweite Haarteil, zuletzt das zweite Mützenteil. Für den Fadenlauf sind im Schnittmuster Markierungslinien eingezeichnet.
Das Anbringen der Knöpfe und das Ausgestalten des Gesichts entnehmen Sie der Abbildung.

Diese Figurengruppe können Sie beliebig ergänzen, wenn Sie selbst noch die Großmutter, den Seppel, den Räuber oder den Polizisten dazu erfinden. Natürlich passen auch Tiere zu solch einer Theatergruppe. Als Umrahmung ist ein Bühnenrahmen aus Karton denkbar.

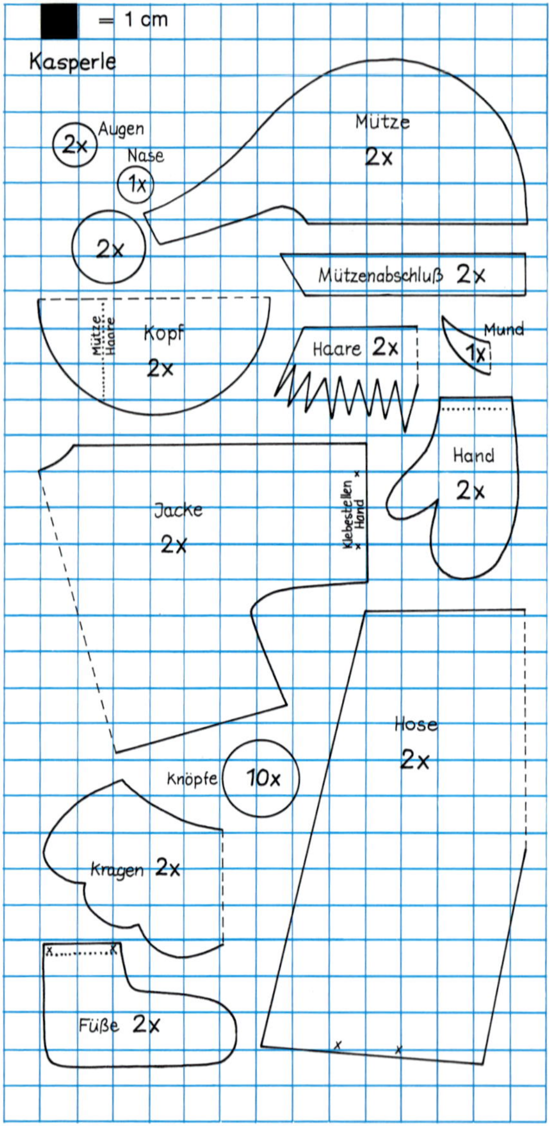

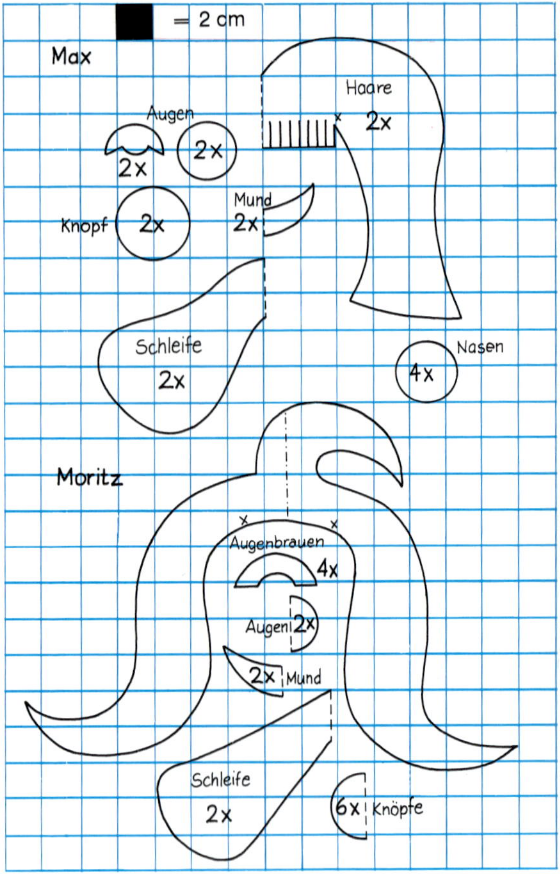

Max und Moritz

Material: schwarzes, orangefarbenes und rotes Tonpapier; weißes Schreibmaschinenpapier; grünes und blaues Faltpapier; weißes Nähgarn; UHU flinke flasche

Ausführung: siehe Seite 3

Hinweis: Ein Haarteil legen Sie auf die Arbeitsfläche und bestreichen dieses mit Klebstoff. An die Markierungspunkte des Haarteils kleben Sie nun die Fäden. Die kurzen Fäden (4 cm) sind für die Augen, der lange Faden (40 cm) ist gleichzeitig Aufhängefaden. An ihn werden dann Nase, Mund, Schleife und Knöpfe angeklebt. Den zweiten Haarteil kleben Sie deckungsgleich auf den ersten. Die Reihenfolge beim Aufbau des Gesichtes von Max und Moritz entnehmen Sie der Abbildung.

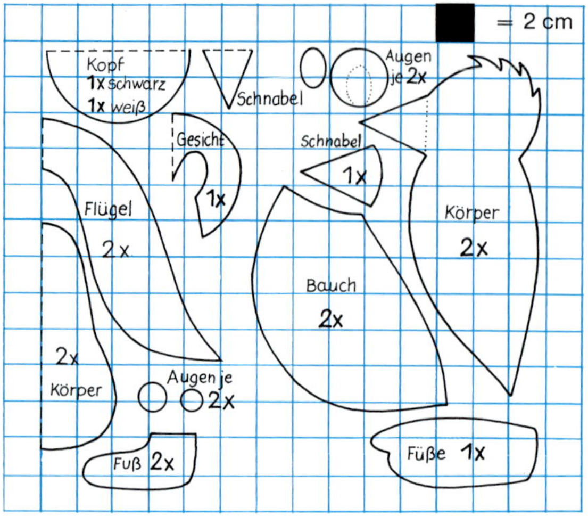

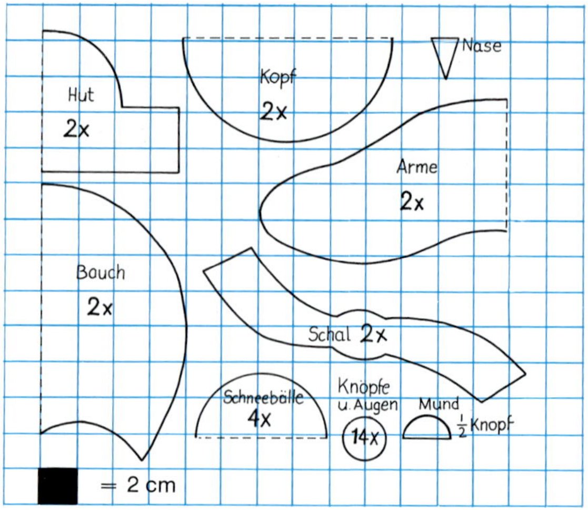

Pinguin Abb. 4 Umschlagseite

Material: schwarzes Tonpapier; weiße Strukturtapete oder weißes Tonpapier; rotes, weißes und orangefarbenes Faltpapier; weißes Nähgarn; UHU flinke flasche

Ausführung: siehe Seite 3

Hinweis: Bestreichen Sie zuerst ein schwarzes Kopfteil mit Klebstoff und legen Sie den Faden in die Mitte dieses Kopfteils. Nun nehmen Sie den weißen Kopfteil und kleben diesen deckungsgleich auf den schwarzen Kopfteil. Dann wird das schwarze Gesicht aufgeklebt und mit Augen und Schnabel versehen. Die Füße kleben Sie zwischen den Körper, wie es die Abbildung zeigt.
Der Pinguin links in der Abbildung ist einteilig und dreht sich nur im ganzen um seine Achse. Die Teile werden doppelt ausgeschnitten und, wie aus der Abbildung ersichtlich, zusammengeklebt.

Tip: Wenn Sie wollen, können Sie sein Auge aus beiden Teilen ausschneiden, etwas verkleinern, mit einem Faden versehen und als bewegliches Element einkleben.

Schneemann

Solche Winterthemen werden besonders von Kindern geliebt, wenn der erste Schnee fällt. Sie helfen auch, die Zeit bei Erkrankungen zu überbrücken.

Material: weiße Strukturtapete oder weißes Tonpapier; schwarzes und rotes Tonpapier; weißes Nähgarn; UHU flinke flasche

Ausführung: siehe Seite 3

Hinweis: Zum Schluß bekommt der Schneemann beidseitig ein Gesicht und schwarze Knöpfe, wie die Abbildung zeigt. Hase: siehe Seite 10.

Weißer Vogel

Material: weißes Schreibmaschinenpapier

Ausführung: Schneiden Sie nach der Schablone den Vogel doppelt aus, und kleben Sie in die Mitte der Vogelteile den Aufhängefaden.

Tanne

Material: grünes Tonpapier; UHU flinke flasche

Ausführung: Die Tanne ist 4teilig, erhält also eine dritte Dimension. Zunächst brauchen Sie die Schablonen nach der Vorlage (s. S. 2/3). Legen Sie das Papier doppelt, und legen Sie dann die Schablone an den Bruch. Wenn Sie die Teile ausgeschnitten haben, kleben Sie drei Baumhälften jeweils nur bis zur Hälfte aneinander. Legen Sie nun den ca. 30 cm langen Aufhängefaden längs der inneren Klebekante an die drei Baumteile. Bestreichen Sie die Innenseite des vierten Teils mit Klebstoff und fügen Sie es, den Faden mit festklebend, in die Lücke zwischen die beiden anderen Teile.

Pilze

Material: rotes Faltpapier; weißes Schreibmaschinenpapier; weißer Nähfaden; UHU flinke flasche

Ausführung: Wenn Sie die Schablonen hergestellt haben, zeichnen Sie die einzelnen Teile auf. Das Ober- und Unterteil des Pilzes brauchen Sie viermal. Kleben Sie drei Teile jeweils bis zur Hälfte aneinander. Legen Sie dann den Aufhängefaden längs der inneren Klebekante an die drei Teile, bestreichen Sie die Innenseite des vierten Teils mit Klebstoff und fügen Sie den Faden mit festklebend in die Lücke zwischen den beiden freien Hälften der beiden anderen Teile. Nach ca. 1 cm Abstand kleben Sie das Oberteil des Pilzes ebenfalls mit an. Zum Schluß versehen Sie den Pilz mit weißen Punkten.

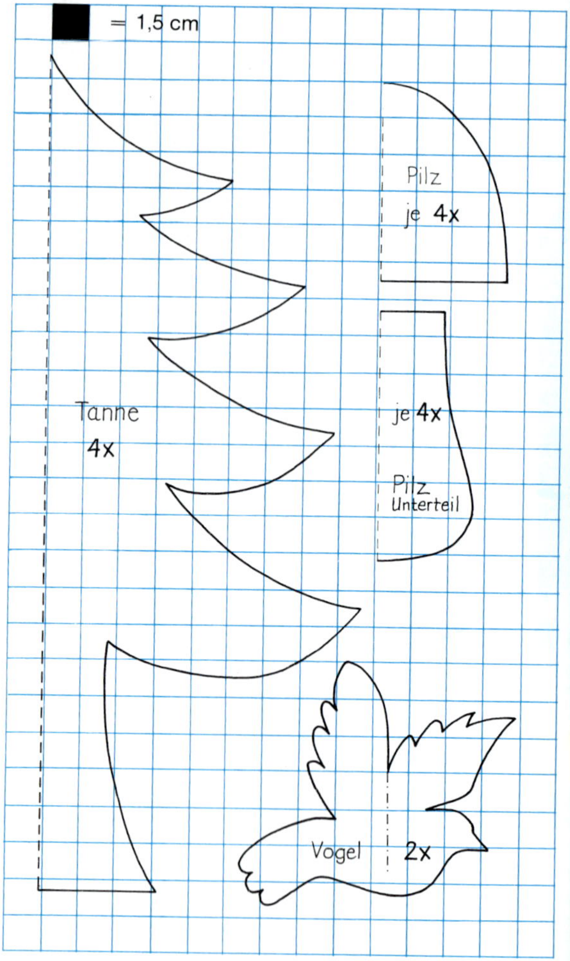

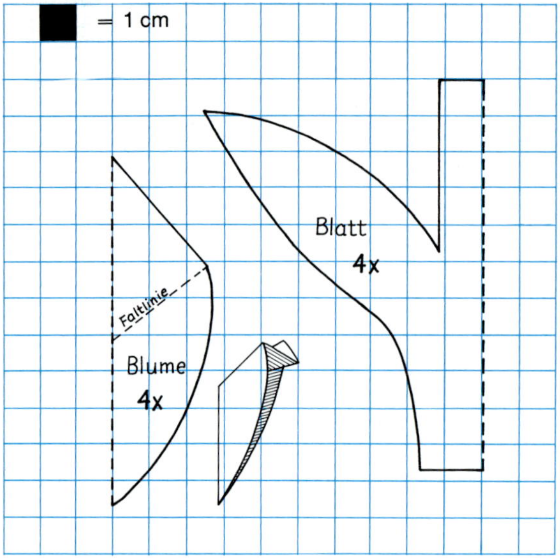

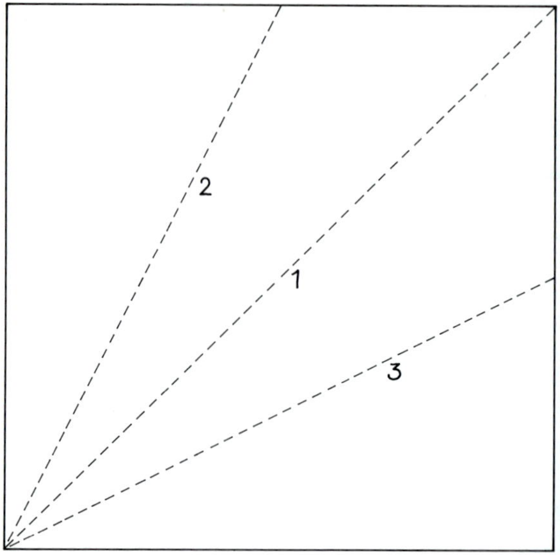

Blümchen (s. Abb. Seite 29)

Wer solche dreidimensionale Arbeiten mag, der sollte unbedingt in das Brunnen-Reihe-Heft Nr. 270 sehen.

Material: grünes Faltpapier; rotes Tonpapier; UHU flinke flasche; weißes Nähgarn

Ausführung: Blätter und Blüte sind vierteilig. Zunächst brauchen Sie die Schablonen. Legen Sie das Papier doppelt und legen Sie die Schablone an den Bruch, zeichnen Sie die Teile auf, und schneiden Sie diese je viermal aus. Das Zusammenfügen ist derselbe Vorgang wie bei den Pilzen Seite 28. Soll das Blümchen geöffnet erscheinen, können Sie den oberen Teil der Blütenblätter nach außen falten.

Drachen

Material: hellblaues Tonpapier; dunkelblaues, weißes, orangefarbenes, gelbes, rotes und weißes Faltpapier; Perlonfaden; UHU flinke flasche

Ausführung: Für die Drachen brauchen Sie ein Papierquadrat von 12 cm und eines von 10 cm. Den Faltvorgang entnehmen Sie der Skizze. Für die übrigen Teile benötigen Sie keine Schablonen. Die Wolken, die Drachen und die Gesichter fertigen Sie doppelt an. Der Aufhängefaden ist fortlaufend von der Wolke bis zum Schwanzende ca. 70 cm lang. Er wird zwischen die Wolkenteile geklebt und fortlaufend durch die Mitte der Drachen geführt. Die Anfertigung ist aus der Abbildung gut ersichtlich. Die Tanne ist auf Seite 28 beschrieben.

CIP-Titelaufnahme
der Deutschen Bibliothek

Ritter, Ursula:
Lustige Drehfiguren aus Tonpapier:
mit Vorlagen in Originalgrösse /
Ursula Ritter. – 3. Aufl. –
Freiburg im Breisgau:
Christophorus-Verlag, 1989.
(Brunnen-Reihe; 266)
ISBN 3-419-52566-4

NE: GT

Die Idee für „Max und Moritz“ auf
Seite 25 stammt von Christoph Ritter

Fotos: Roland Krieg
Zeichnungen: Martin Hoyer
Umschlaggestaltung:
Michael Wiesinger
Herstellung: Freiburger
Graphische Betriebe 1989